U0892886

艺之链——儿童链式美术创新课程丛书

物艺童言

朱敬东　主编

朱敬东 李 萍 刘婷婷 著

中国美术学院出版社

责任编辑：郑亦山
装帧设计：戎选伊
责任校对：杨轩飞
责任印制：毛　翠

艺之链

——儿童链式美术创新课程丛书编委

主　编：朱敬东
副主编：邱兴雄　冯国健　杨　勇

编委会：
顾红源　周士军　徐亚琴　邱　萍　陆丽梅
潘筱红　岳晓燕　顾巧明　沈中良　屠园中
彭晓宁　汤丽英　李　萍　刘婷婷

《物艺童言》特邀作者
佲　蒙　寿　玲

参与学生名单
徐与同　王兢晗　林奕成　李欣月　叶悠然
洪佳蔚　叶罗希　孙名亨　罗靖越　张洪烨
叶　欣　叶晓雪　王子一　方　舟　叶馨韩
洪知心　阙裕航　林俊屹　王悦纳　方　祺

图书在版编目（ＣＩＰ）数据

物艺童言 / 朱敬东，李萍，刘婷婷著. -- 杭州 ： 中国美术学院出版社，2018.3
（艺之链 ： 儿童链式美术创新课程丛书 / 朱敬东主编）
ISBN 978-7-5503-1655-3

Ⅰ. ①物… Ⅱ. ①朱… ②李… ③刘… Ⅲ. ①美术课－小学－教学参考资料 Ⅳ. ①G623.753

中国版本图书馆CIP数据核字(2018)第048888号

物艺童言

朱敬东　李 萍　刘婷婷 著

出 品 人：祝平凡
出版发行：中国美术学院出版社
地　　址：中国 · 杭州市南山路218号 / 邮政编码：310002
网　　址：http://www.caapress.com
经　　销：全国新华书店
印　　刷：浙江海虹彩色印务有限公司
版　　次：2018年3月第1版
印　　次：2018年3月第1次印刷
印　　张：3.25
开　　本：889mm×1194mm　1 / 16
字　　数：65千
图　　数：190幅
印　　数：0001－5000
书　　号：ISBN 978-7-5503-1655-3
定　　价：40.00元

前 言

当我们用眼睛感知世界万象，或感慨，或激昂，或开怀，或痛哭，而或在简单的物象中看不到什么！“看”只是一个行为表象，其真实的意义在于从“看见”走向“看懂”和“看好”。格物致知，托物寄情，在文化的视域中明了和浸润，艺术才是打开“看”的钥匙密码。

艺之链，引发孩子们触摸材料、感受生活、创生艺术、滋润心灵、承传文化。艺之链，连接艺和童，让高雅的格调走近童心的浪漫，在黑白互融、珠璧交辉间读懂艺术的表白，刀痕之间，继了一份纯真；乡材之中，承了一份天地；牛仔之语，唤了一份心情；沙画之言，醒了一份情愫；泥土之兴，创了一份思维；纸浆之趣，新了一份境界。

艺之链，七个主题，映射着别样的域境与心境，融洽着每一个团队的心和梦，成就着每一群烂漫儿童的艺术天空。

艺之链，七个主题，流淌着别样的气息和声息，融合着每一位老师的承与创，集聚着每一种传统文化的精神力量。

艺之链，恋此艺！

朱敬东于2018年3月

目 录

第一课　山外有山

作品解读

大千世界，变幻莫测，自然就是最美的画卷，在云水之间，山峦叠嶂，或隐或现，在奇妙的起伏中呈现连绵不断的壮观景象，“山外有山”这奇妙的感官体验，迎来无数文人雅士的吟诗挥毫。孩子们也用自己独特的视角和材料表达对“山外有山”自然景观的感受，用简单的布作为创作材料，利用纤维布独特的质感，表现出山的重叠、起伏等特征，在层层叠叠之间形成的深浅变化，创造性地表现了自然的美妙，表达了对“山外有山”空灵深远的感受。

问题呈现

仔细观察图中近景、中景、远景，你有什么新的发现？

创作过程

①创作的材料。

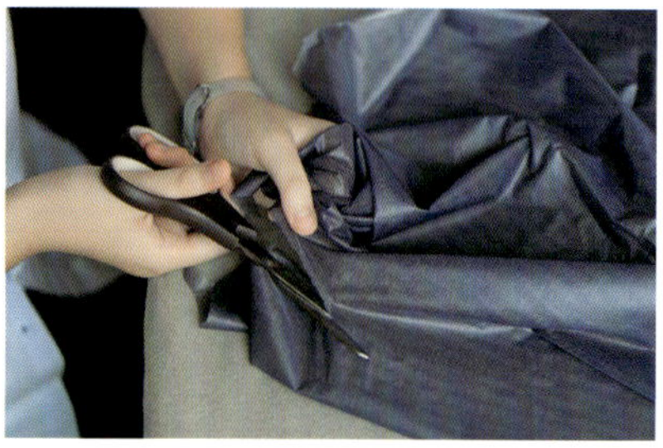

②用剪刀将纤维布剪成不同的弧形表达山势。注意弧形的曲直变化。

③将剪好的布层层拼摆，粘贴成作品。注意节奏的变化。

④透光感受作品所表达出山外有山的意境。

活动建议：

想一想，你还可以利用身边的哪些材料来表现心中的“山外有山”。

童言童语

一览叠嶂的群山，淡淡的薄雾蒙上山头，如一层薄沙，显出无限神秘空灵，壮阔雄伟的高大山峰与绵延的山峦，有种刚柔共济的美，一览众山皆有色，浓淡起伏各不同，引人无限遐想。

——陈柯伟

第二课　风吹草动

作品解读

也许也是因为太常见了，人们一般认为小草是最不起眼的。但是，也可能是因为其常见，人们话里话外又离不开小草。不同的人，看到小草的感受也不同。伍子胥逃避追捕时看到“风吹草动”，吓得瑟瑟发抖；白居易见到小草，却觉得是无上的美景：“乱花渐欲迷人眼，浅草才能没马蹄”；更有那首《敕勒歌》中的“风吹草低见牛羊”，让无数人从此向往草原。表现风吹过小草时的感受，对学生的观察力是一种挑战。只有认真观察过小草的孩子，才能像书中的作品那样，用编织袋将风吹草动的那种凌乱与飘摇表现到位。

问题呈现

你见过小草吗？仔细观察过它们吗？风吹过草地，会给你怎样的感受？

创作过程

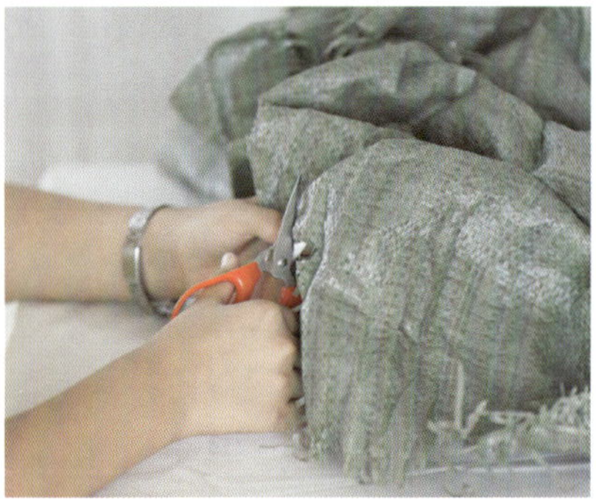

①将编织袋剪成条状

②将剪好的编织袋的两边打散，形成草的形态。

③将制作好的“草”固定在底板上。

活动建议：

描述草的诗歌，你还能背诵多少首？你能试着用材料将这些诗歌的意境表现出来吗？

童言童语

小草固然渺小，但当千千万万的草连结在一起，那被风拂过的画面，那绿色的波浪，令人欢喜。

——孙名亨

第三课　雪后一境

作品解读

雪纷纷，落地，大地新装，素白一片。一切肮脏邋遢都被遮盖，到处呈现出干净与纯粹。白色世界里突出了乌黑，是老树的枝干，是枯死的藤条，是生命最后的喘息。孩子们感受雪后的纯净，同时也看到了植物在雪后的残躯，给人“凄凉”“孤独”之感。于是，孩子们用黑色发夹的弯折来表现雪后的植物，用泡沫板的刮擦产生雪的感觉，创造性地表现出了雪后那一片落寞的景象，在沉寂中蕴含生命的搏动。

问题呈现

大雪过后，你看到什么样的景象？给你什么样的内心感受？

创作过程

①对黑色发夹进行弯折、造型。

②用手或剪刀在泡沫板上刮出雪的痕迹。

③将发夹错落地插在泡沫板上。

活动建议：

太阳出来了，雪融化了，又会呈现出一片什么样的景象呢？

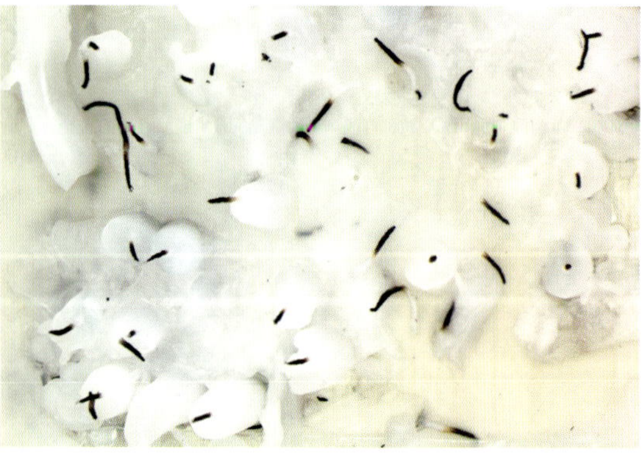

童言童语

大雪纷飞，素白一片，一切肮脏都被掩盖，到处呈现出干净与纯粹，白色世界里的乌黑是大树的孤枝败叶，是生命的轮回，也许这就是雪后意境的真正观感。

——张樱子

第四课　霜降大地

作品解读

霜降是秋季的最后一个节气，也意味着冬天即将开始。严霜打过的植物，由于极寒而脱水，会失去生机。故有“风刀霜剑严相逼”来形容霜的冷酷的一面。但也有人说，植物上面的霜是保护植物不受冻害的“保护衣”。霜降是一种很美的景色，草地、花朵、树叶等穿上了“冰衣裳”；走近了看，就像花草树木上长了白绒毛。学生们用泡沫球、塑料子母扣绳来表现霜降，比较好地还原了霜降的形象及感觉。看到作品，仿佛都能感受到那一股寒意。

问题呈现

你了解霜降吗？你是否见过植物结霜？能否用语言形容一下植物结霜的景象？

创作过程

①加工泡沫球。

②将子母扣插在泡沫球上，注意要插得密一些。

活动建议：

以小组为单位，探索“霜降”这一节气的内涵，并用更多的材料表现霜降节气的丰富意境（如：武备、柿子、送芋鬼、扫墓、进补等风俗）。

童言童语

一根根简单而普通的塑料棒，簇拥在泡沫板上，仿佛被给予了冰的晶莹和剔透，这是属于冰雪的嘉年华。

——李昕月

第五课　蓝色奔流

作品解读

欣赏多瑙河像蓝宝石一样湛蓝的景色，适合配着小约翰·施特劳斯这首《蓝色多瑙河》。轻快的旋律就像河水一样在心头流淌，令人心醉。在这种心境中，学生选择用蓝色的毛线来表现多瑙河。把最美的蓝色围巾拆成细线，要花费比较长的时间。孩子们竟然没有一个喊累，一直饶有兴趣地把线准备好，又忙不迭地用线在pvc板上摆起来。最后，醉人的色彩出现了，可能这就是孩子们心中的多瑙河！那波光粼粼的水面，好似那一路流淌的音符，令人仿佛看到了旖旎华尔兹的衣香发影，维也纳哈布斯堡的贵族余晖。

问题呈现

听着《蓝色多瑙河》的音乐，看着宝石一样湛蓝的河水，你有什么感受？如何将这种感受表达出来？

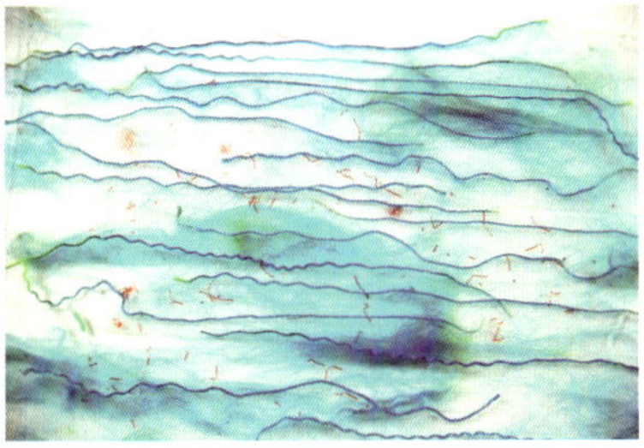

创作过程

①将部分毛线拉松至一定的程度。

②透明的pvc板上粘上透明的双面胶。

③把准备好的毛线摆放在pvc板上，摆放时注意毛线的松紧、疏密关系。

活动建议：

音乐跟我们的生活有什么关系？跟小伙伴们讨论一下吧。

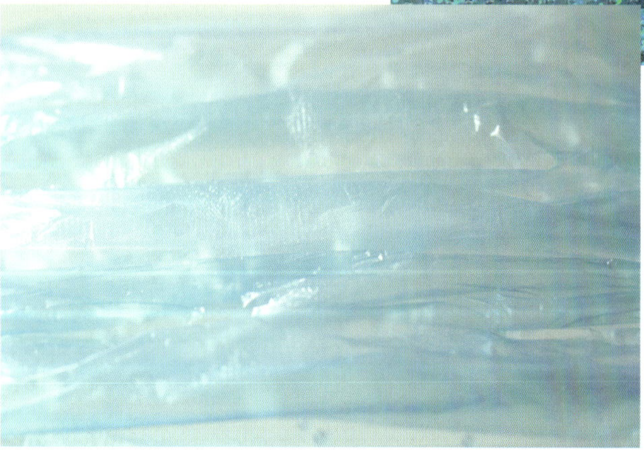

童言童语

一条条蓝色的毛线交织在一起，我仿佛看到了像蓝宝石一样湛蓝的河流，它奔流着，浪涛翻滚着，河面波光粼粼，极其优美，令人心醉。

——林奕成

第六课　春的旋律

作品解读

米勒在去世以前最后的作品，画的是春天，画面上春雨刚刚下过，天上出现了一道彩虹，田园里的苹果树绽放出了非常美的花朵，地上每一株草，树上每一片叶子，好像都在春雨中颤抖，演奏着春的旋律。在孩子们心中，春的旋律是什么呢？他们认为春的旋律是寒冬过后绽放出的第一朵花，他们将卷纸立于桌面，慢慢向外绕圈，那白色的纸巾相互依靠，仿佛那花瓣拥挤着向外生长开，每一片花瓣都如此脆弱，却又如此富有力量。正是这种力量唤醒了大地，万物复苏，春天向我们走来。

问题呈现

春天来了，你的心情是什么样的呢？春天的什么地方最吸引你？

创作过程

将卷纸立于桌面，由内而外绕圈，令纸巾自然地倾倒，形成花瓣的感觉。

活动建议：

你认为什么是“春的旋律”？你想用什么材料、什么方法去表现它？

童言童语

大自然是奇妙的，未经人工雕琢，却仍能呈现出特别的美，纸巾立在桌面上，宛若脆弱的花朵，让人对春天回味无穷。

——徐与同

第七课　石城残墙

作品解读

每一块石头，都承载着久远的记忆，每一面石墙，都回荡着历史的钟声。石头城的那堵墙，以斑驳的质感、错落有致的堆叠令人望而生叹，当孩子们用双手抚摸墙面，那粗糙的质感是平时难以触及的，那是岁月的痕迹，是远离城市的敦厚。于是，孩子们用订书钉排列出石墙的特质，在排列之间形成凹凸、大小、长短等变化，创造性地表现了对于“石墙”的独特理解。

问题呈现

仔细观察，说说你对石墙的感受？

创作过程

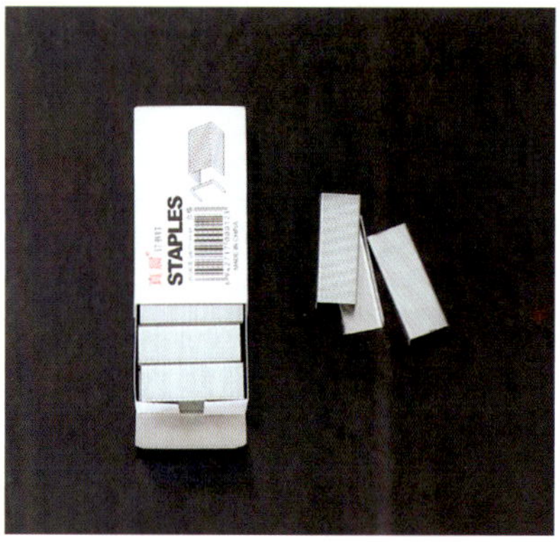

①创作的材料。

②将不同大小的订书钉按照一定的形式语言，排列在黑色 KT 板上。

③排列时注意大小，方向的对比。

④整体观察，调整局部，完成作品。

活动建议：

想一想，你还可以利用身边的哪些材料表达对于石头城的那堵墙的理解和想像？

童言童语

石头，平凡的，普通的，他们积淀了岁月的沧桑，我想，那一堵墙也许被人冷落，历尽风霜，但他依然静静地，不畏风雪。

——蔡思诺

第八课　变异蜂巢

作品解读

蜜蜂的巢房是令人惊叹的神奇天然建筑物。到目前为止，人类飞机的羽翼以及人造卫星的机壁都还在借鉴蜂巢的结构。高超的建筑天才令人叹服外，蜂巢的药用价值也很高。另外，蜂巢总是与蜜蜂紧密相连。除了蜂巢以外，几乎再没有哪种昆虫的巢穴，能够如此深得人类喜爱了。正是有了人类对蜂巢的感情做基础，孩子们才愿意花费时间寻找材料，表达他们心中的蜂巢。这一次，他们使用的是纸杯——把纸杯紧密地排列成作品；拍摄过程中，又忙着尝试一种又一种的灯光方案，将光与作品完美结合，表达出了“变异的蜂巢”这一主题的畅想。

问题呈现

想象蜜蜂是怎样工作的，蜂巢的结构是怎么样的。

创作过程

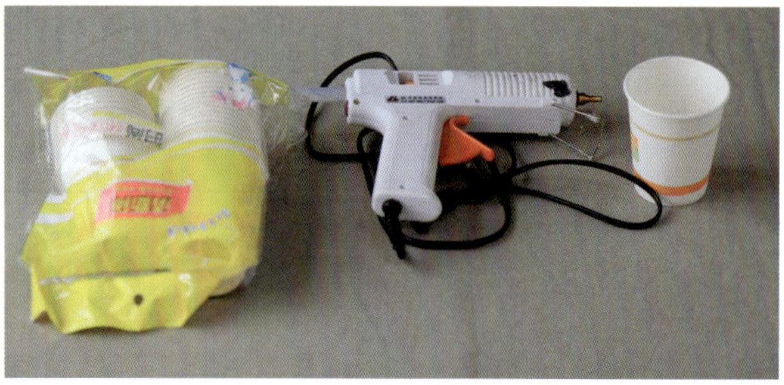

①搜集、处理纸杯。

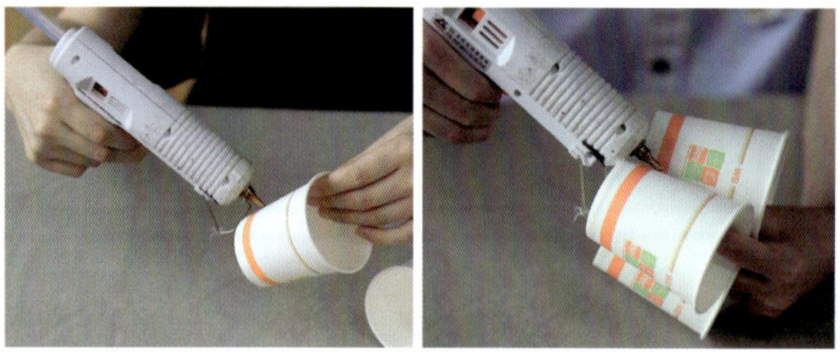

②将纸杯排列、组合、固定，形成球状。

③调整灯光方案，拍摄。

活动建议：

蜜蜂是一种社会动物，有严格的组织分工。在这次活动中，你和小伙伴是如何分工协作，使工作效率达到最高的？请在创作过程前、中、后期，不断改进设计、总结、反思。

童言童语

蜜蜂的巢房是令人惊叹的建筑，一格一格紧密的排练，我仿佛看到了辛勤的蜜蜂在六边的蜂巢中进进出出，劳作的样子。我们用纸杯做的蜂巢更加圆滑可爱。——王嘉瑜

第九课 海上人家

作品解读

大海是浩瀚的、神秘的，靠海生活的渔民则是智慧的。乘船而下，穿梭于海上人家之间，一块块白色泡沫，一根根纵横交错的竹排，白色泡沫撑起竹排悬浮在水面上，它们相互连接，相互依存，密密麻麻，撑起了渔民们一座座可爱的小屋，远远看去，星星点点，点缀海上，充满了艺术质感。孩子们感受到了竹排横竖的排列，其中有井然的秩序感，也有零散跳脱的趣味性。孩子们发现将纸板的一面撕开，呈现出的特征与竹排那有秩序的排列异曲同工，于是，通过纸板的组合、排列，再现了海上人家的独特美感。其间，似乎感受到渔民们生活在海上的丝丝惬意。他们或泛舟于海上，或漫步于竹排之间，几处人家，炊烟袅袅，生活安逸，怡然自乐，好一派世外桃源的景象。

问题呈现

你看过大海吗？假如生活在海上，你的心情会是什么样的呢？

创作过程

①撕掉纸板的一面。

②将撕好的纸板裁剪成大小、长宽不同的方形。

③将方形纸板排列、组合，排列时要注意部分留白。

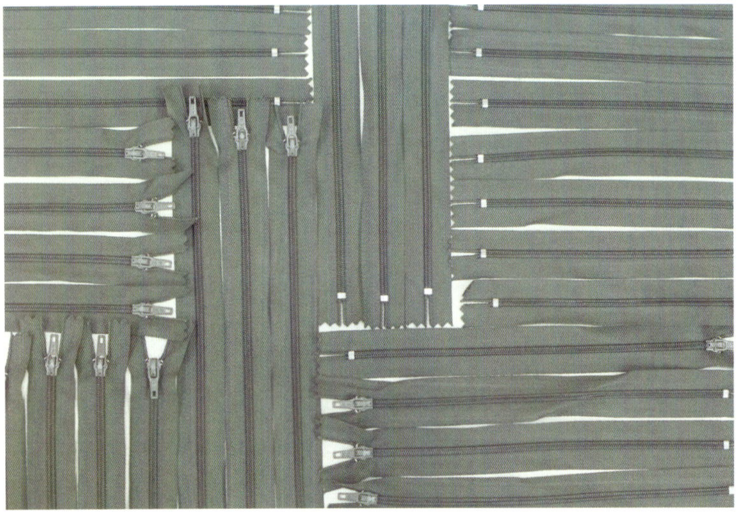

童言童语

海是浩瀚的，无常的，家是温暖的，宁静的，海上人家，听一蓑海上烟雨，怡然自乐，岁月静好，虽然生活有风浪相伴，但零碎又井然的家，日日迎他们归来。

——洪嘉蔚

活动建议：

海上的生活跟陆地上的生活有什么不同？你能用自己的艺术语言去表现它们的区别吗？

第十课　城市新貌

作品解读

一幢幢拔地而起的高楼，是一座城市走向现代化的象征，也使一座城市拥有了崭新的面貌。城市中的高楼大厦，对于孩子们来说是熟悉的，它们是密集的，是高低错落的，同时，又给人一种压迫感。于是孩子们找到了生活中最常见的报纸作为原材料，通过卷、剪、粘等方法，表现城市楼房密集、错落等特征。在这些形式语言中传递出对于《城市新貌》的喜爱，也透露着对城市过于密集的隐忧。

问题呈现

你居住在这样的高楼上能看到什么样的风景？跟小伙伴们分享一下。

创作过程

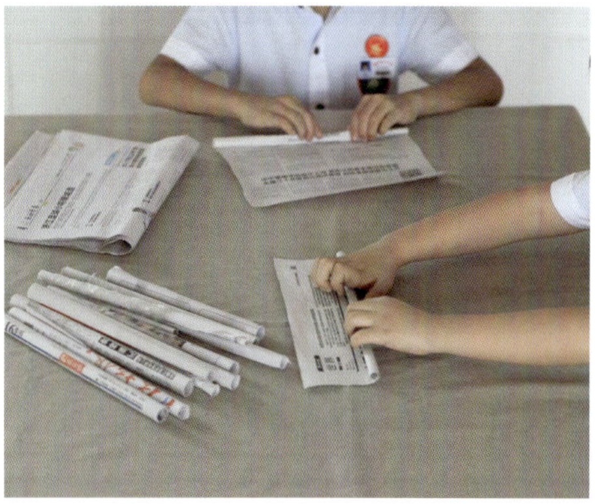

①将报纸卷成柱状，注意粗细、长短的变化。

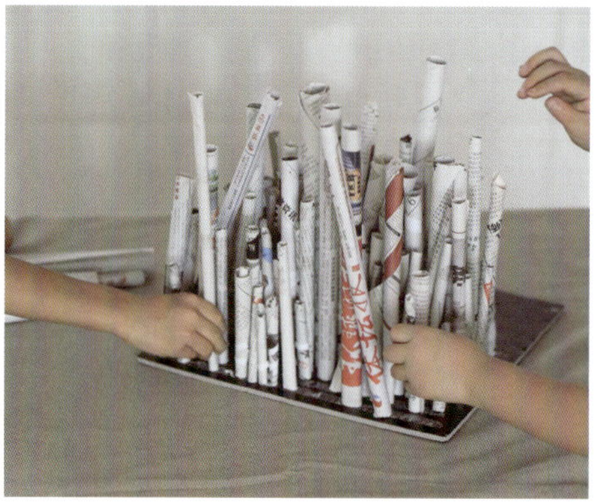

②将准备好的报纸卷贴在泡沫板上。

活动建议：

在城市日益高度发展中，你对生活又有怎样的体会？选择身边的材料来创意城市的新貌。

童言童语

当这作品完成时，我仿佛也走进这座城市的繁华，平常毫不起眼的旧报纸竟也可以有如此不同的表现。

——方舟

第十一课　晶莹水母

作品解读

下雨的时候，我们会打伞。为什么在海洋中，有人撑着一把伞，还是如此地色彩斑斓？原来是水母！回溯地球几亿年的历史，身披铠甲的恐龙灭亡了，柔弱、轻盈到透明的水母却生存至今。在这几亿年里，透过水母那薄薄的身体，折射出怎样的历史？

孩子都很喜欢漂亮的水母，面对这透明状的身体，他们很容易地就找到了生活中的材料——透明塑料袋。把制作出的水母放在亚克力板上，再打上彩色的灯光，一只只栩栩如生的水母好像开始游动起来了。

问题呈现

你在哪里见过水母？它们让你想到了什么？

创作过程

①将透明塑料袋系上口，注意在袋中留些空气。

②将制作好的水母固定在亚克力板上，固定时注意水母的姿态。

活动建议：

水母是一种古老而美丽的生物，但是有些水母却是有毒的，你了解哪些水母是有毒的吗？你会用不同的表现手法表现有毒和无毒的水母吗？

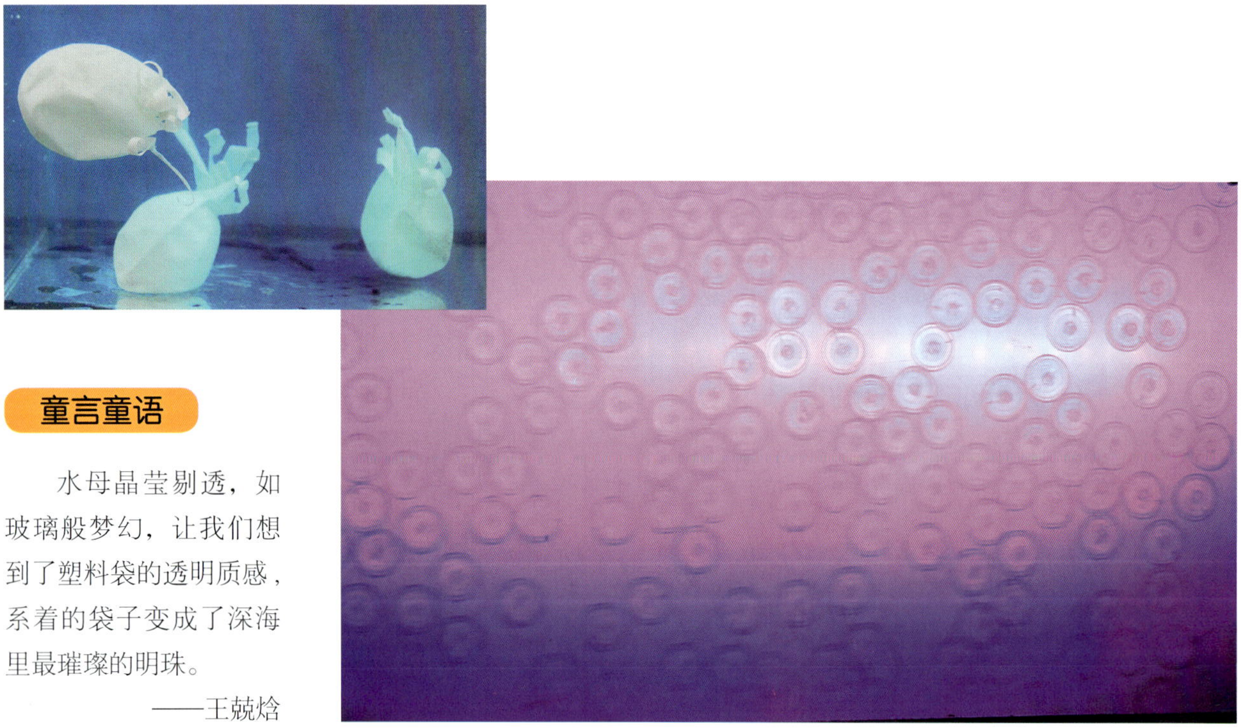

童言童语

水母晶莹剔透，如玻璃般梦幻，让我们想到了塑料袋的透明质感，系着的袋子变成了深海里最璀璨的明珠。

——王兢焓

第十二课　工业时代

问题呈现

工业时代给你带来怎样的感觉？什么的形象、色彩可以引发你对于工业时代的联想？

作品解读

工业革命是人类社会发展的里程碑，极大地推动了社会经济的发展和技术的进步。当然，工业化和城市化也产生了新的社会问题。比如：贫富分化、城市人口膨胀、住房拥挤、环境污染等。在我们儿时的记忆里都有一些工业革命时期大工业的影子，如破旧的厂房、老旧的家具、铁艺的生产工具、红砖墙、旧的缝纫机等等带有时代特征的旧物。然而，对于涉世未深的孩子，他们对工业时代的感受是最直观的，在他们看来，工业时代是那斑斑锈迹，是那纵横交错的铁管，是那散落的螺帽、螺孔。于是他们用打孔机、牛皮纸、鞋油等材料，创造性地表现了他们对于工业时代的感知和理解。

创作过程

①用剪刀将牛皮纸剪成条状，注意长短、宽窄的变化。

②用打孔机在剪好的牛皮纸上打孔。

③将加工好的牛皮纸条根据一定的形式美感，贴于白卡纸上。

④在作品上刷上棕色、黑色鞋油等。

活动建议：

现在店铺和家庭装修都很流行“工业风”，请分小组探索其必要元素有哪些，并试着说一说人们为什么会喜欢工业风。

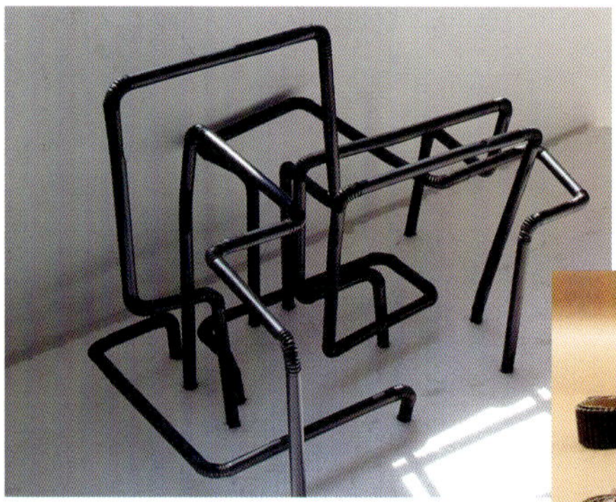

童言童语

工业者，隆隆之内燃机，轧轧之钢铁也，有做《工业时代》者，作钢筋以吸管，毕，风骚并举也。其工业风之浓，使入工厂以内，体之工业时代之发展，之文明。呜呼！无疑乃人之翘楚也！

——梁曦文

第十三课 飘逸水草

作品解读

丛丛生长，它们身体修长、腰肢柔软、擅长舞蹈。看到水草在水中摇曳时的柔美，会让世界上最伟大的舞蹈家都自愧不如。与人类的群舞追求“整齐划一”不同，水草们恰恰偏爱以“杂乱”为美。感受着水草们曼妙的身姿，能够让观者陶醉其中。为了表现这种感受，孩子们选择绿色纤维布。把纤维布剪成带状，放在亚克力板上以后，比较好地表现出了水草轻舞的意味。通过选择材料，表现对美的事物的观照，就是这件作品最大的意义。

问题呈现

看到水草在水中摇曳，你感受到了什么？

创作过程

①将纤维布剪成带状，注意长短、粗细的变化。

②将塑料固定在亚克力板上，注意疏密变化。

活动建议：

水草在水中曼妙的身姿，你还能想到什么材料、什么方法去表现它？

童言童语

没想到用废旧的布条就能表现出水草在水中飘逸的身姿，尤其在灯光之下，简直美得窒息。这让我对材料产生了更大的兴趣。

——洪知心

第十四课　闲暇珊瑚

作品解读

城市人潮涌动，海面波涛澎湃，即便如此，海底依然宁静。大海之下，是一个神秘的世界。而珊瑚，是来自海洋的宝石，也是佛教七宝之一，与宗教、权势有着密不可分的联系。在希腊神话里，一位英雄和蛇发女妖战斗，英雄最终战胜，女妖的鲜血染红了英雄波修斯身上的花饰，掉落的花饰就是红色的宝石——珊瑚。珊瑚的美是人人都欣赏的，能不能利用生活中的材料创作出珊瑚来，却要考验孩子们的本事。他们剪开吸管一端，作为珊瑚虫的触角，再把塑料管密集的排列在底板上，近乎完美地创造出珊瑚的姿态和神韵。

问题呈现

珊瑚是很美的，寻找表达珊瑚的材料却有些难度。你能想到的适合表现珊瑚的材料有哪些？

创作过程

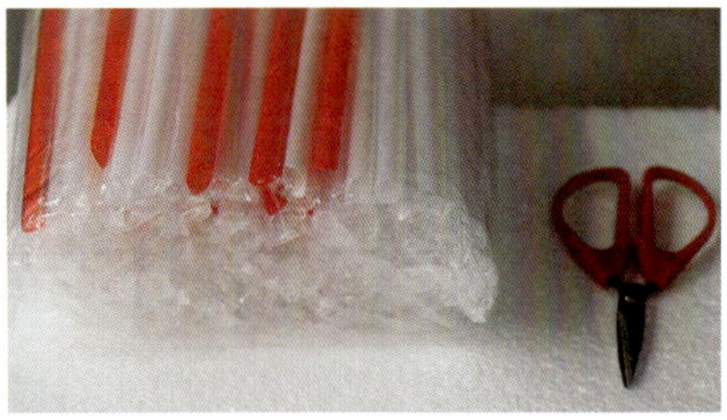

①准备创作的材料。

活动建议：

珊瑚虫是怎样生存的？他们为什么要分泌美丽的珊瑚，请以小组为单位探究，寻找身边的材料表达这簇拥着的珊瑚群。

②将吸管一头剪开，作为珊瑚虫的触角。

③将加工好的吸管插在泡沫板上。

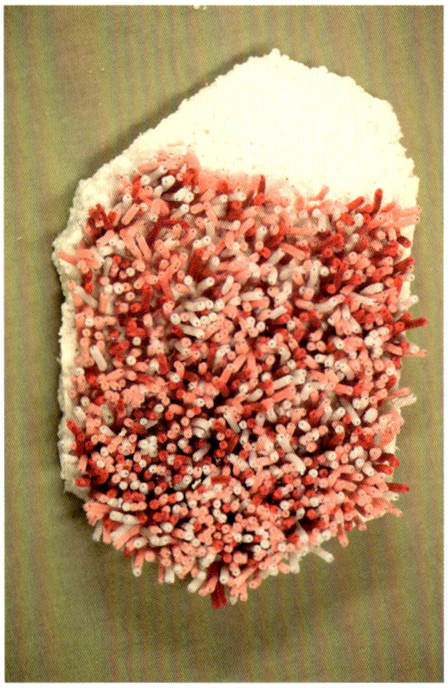

童言童语

我没有见过真正的珊瑚，然而，在观察、表现珊瑚的过程中，它给了我更多惊喜。它那重复排列的秩序感和偶尔被鱼儿拜访时的闲适都深深地打动了我，让我不禁感叹大自然的鬼斧神工。

——叶馨韩

第十五课　神秘城堡

作品解读

城堡是欧洲的特色建筑，公元 1066 年至 1400 年是兴建城堡的鼎盛时期，欧洲贵族为争夺土地、粮食、牲畜、人口而不断爆发战争，密集的战争导致了贵族们修建越来越多、越来越大的城堡，来守卫自己的领地。因此城堡一层层地往上叠加，越来越高，越来越大，它不仅仅是一种建筑形式，更是一种“防备”，然而孩子们看到城堡的第一感觉是梦幻，是层层堆叠的乐趣，因此，他们以“凳”代“石”，“建造”城堡，最后，孩子们又将建好的城堡拆掉，这一堆一拆的过程，便是城堡真正的意义——我们常常在心中建立自己堡垒，是否也需要学会如何将其推翻？

问题呈现

你对城堡的印象是什么样的？假如你生活在城堡里，会是什么样的感觉？

创作过程

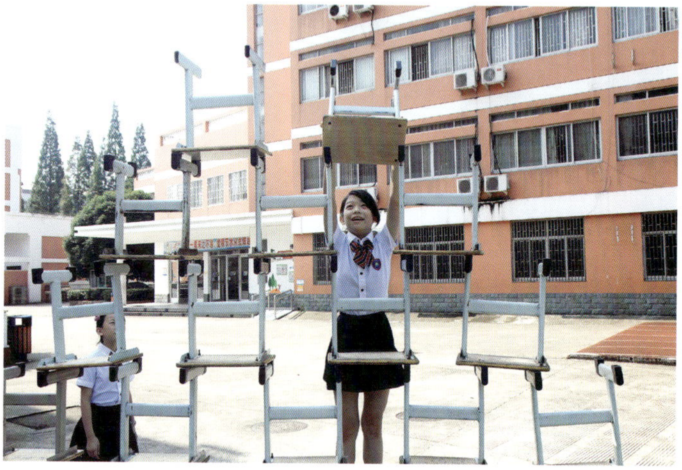

将凳子层层堆叠，形成堡垒。

活动建议：

想一想，为什么城堡在我们的生活中会渐渐消失？我们是否还需要城堡？

童言童语

当我们将一把把凳子叠在一起，越叠越高时，我似乎看到了，在那些遥远的土地上，遥远的空间中的那些工人在建造城堡时的情景。这些人用他们的智慧和汗水给我们留下了历史的痕迹。

——阙裕航

第十六课　城市夜晚

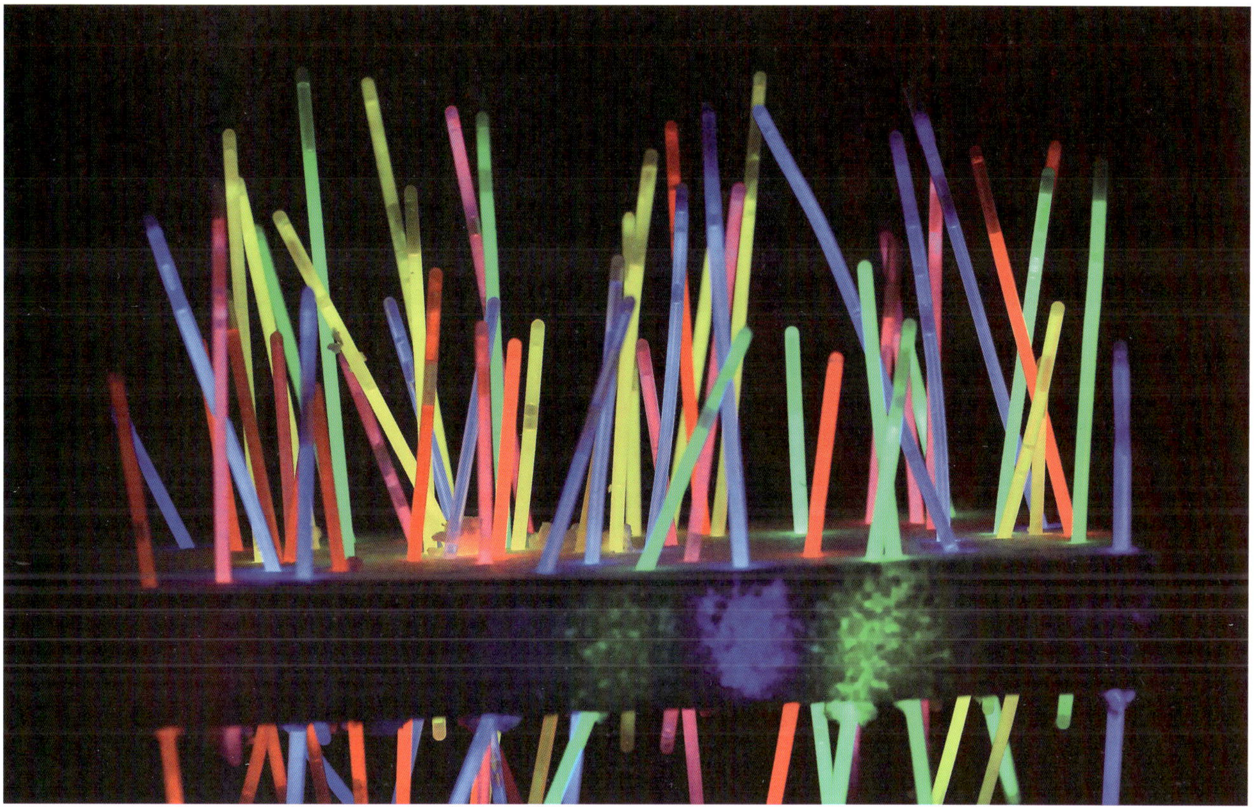

作品解读

“一座城市的活力在早晨，一座城市的魅力在夜晚”，当黑暗还没来得及将最后一丝光明裹挟，一道道灯光就已开始装扮起城市，远望，如繁星点点。孩子们对城市的夜晚有着独特的感受，他们觉得夜晚城市中的楼房仿佛一根根发光的柱子，色彩斑斓，忽明忽暗，高高低低，包裹于无尽的黑夜之中，给人一种晕眩、迷离的感觉。于是，他们选择荧光棒表现夜晚的楼房，在那璀璨耀眼的色彩中展现了城市夜晚的繁华，在那高低错落，正斜变化中诉说的却是那城市的晕眩和迷离。

问题呈现

每当夜幕降临，你在做些什么呢？你的家人、朋友又在做什么呢？和小伙伴们分享一下。

创作过程

将荧光棒穿透泡沫板，注意高低、前后、倾斜度等节奏变化。

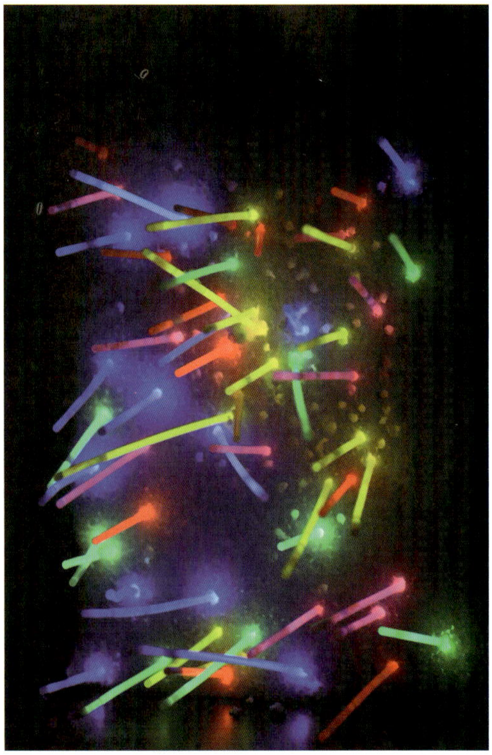

> **活动建议：**
>
> 城市的夜晚还有哪些地方能够打动你？你又能用什么材料、什么方法去表现它们呢？

童言童语

关上灯光，看到那一根根荧光棒在黑暗中发亮，感到特别激动，同时也感觉特别神奇，我们把城市缩小了，它就在我们眼前。

——方祺

第十七课　远古文字

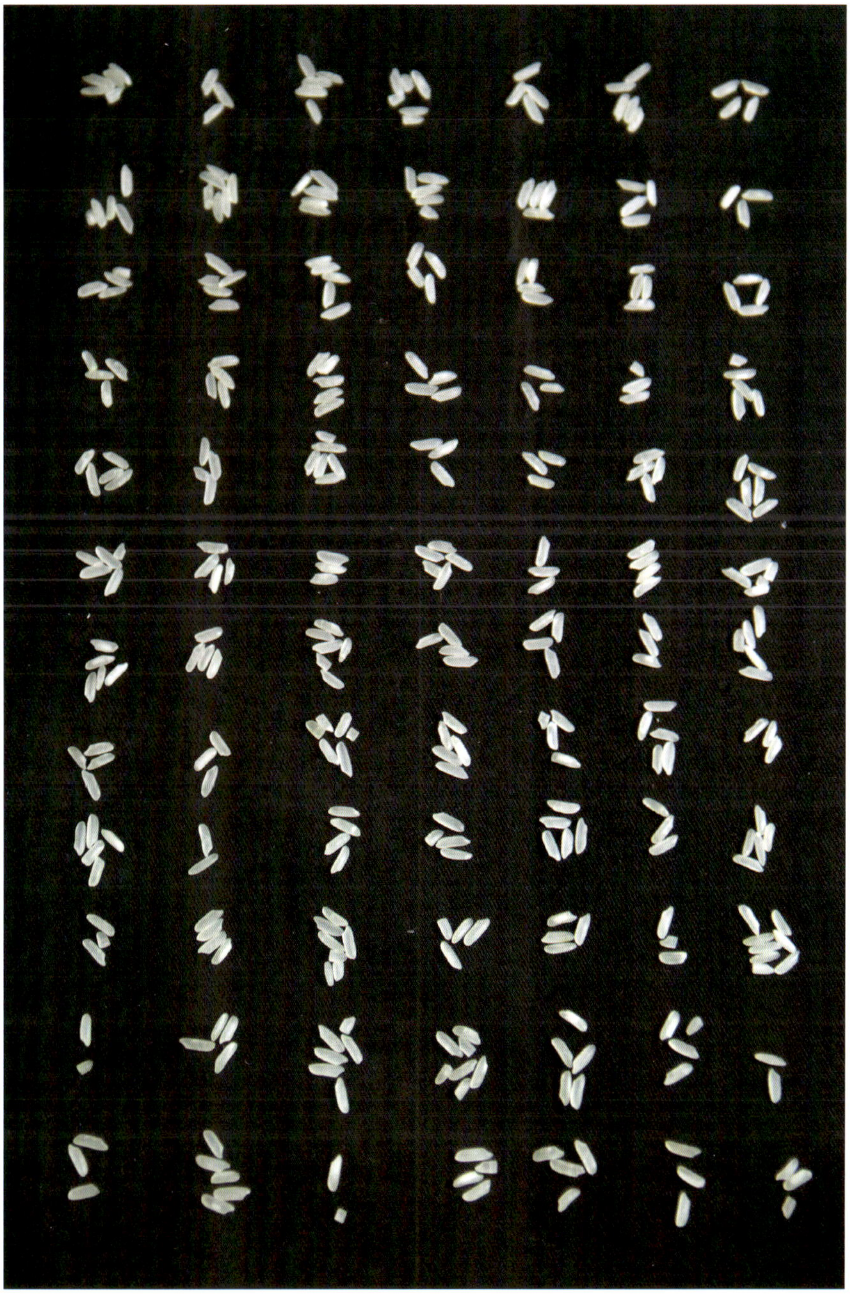

作品解读

符号（包括文字）是高级文明产生的契机，是能决定文明走向的基础。能够感受到符号的特殊意义，是人类与动物的根本区别之一。面对着一纸看不懂的文字时，最能激起我们对这世界未知部分的神秘感，和对世界上多元文明的兴趣。创造文字，并赋予每一个文字特殊的意义，可能是这个世界上最有神圣感的劳动之一。在这次创造中，孩子们就在体验这种感受，他们像远古人类一样创造文字，他们选择了米这一同样与人类的文明息息相关的东西作为创作材料，将米粒按照疏密等形式美法则，排列在黑布上。在点划之间，诉说远古的故事，传递悠久文明给予我们的精神力量。

创作过程

将米粒按照疏密等形式美法则，排列在黑布上。

问题呈现

看看世界上多种多样的文字，说一说：文字是怎么来的？如果由你来创造文字，你会创造出怎样的文字？

活动建议：

创作文字的时候，感受文字背后蕴含的强大力量和文字对文明的作用。

童言童语

我最喜欢用米排出来的文字，不仅仅是因为它形式上的美感，更因为“米”这个材料，我认为，大米作为我们的主要食粮，它跟文字一样，孕育着我们人类，促使我们发展进步。我觉得，这样的作品很有意义。

——陈艺萌

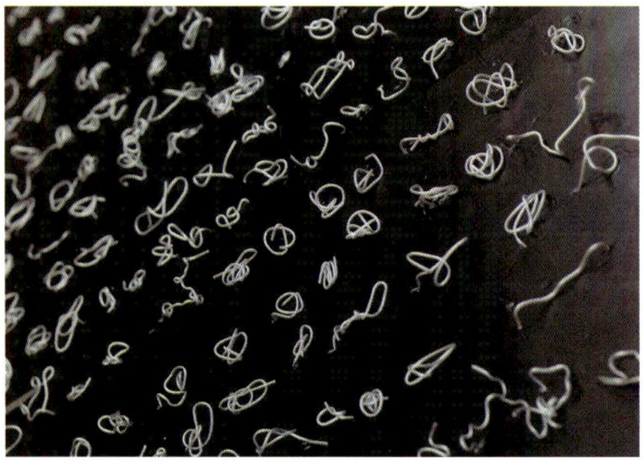

第十八课　力量生长

作品解读

万物生长，不足为奇，却又惊天泣地。一颗种子破土而出，最终可能成为参天大树；鸟儿从一枚小小的蛋开始，最终可能成为雄鹰；世界上最伟大的人，出生时也不过堪堪一尺。从小到大，是生命力量的体现，这其中包涵着无限的可能性。为了表达生命的力量，孩子们选择了生长过程中最具象征意义的一幕——种子发芽。他们用铝丝剪、折、卷模拟出植物发芽，以重复这一形式来强调生长的力量。描述生长时，孩子们既能体会到它的神秘感，又能感受到喜悦。其中，还蕴含着他们对生命的尊敬。

问题呈现

生命生长的过程中，你能感受到什么？用哪些形象表达“生长”这个主题最合适？使用什么材料？

创作过程

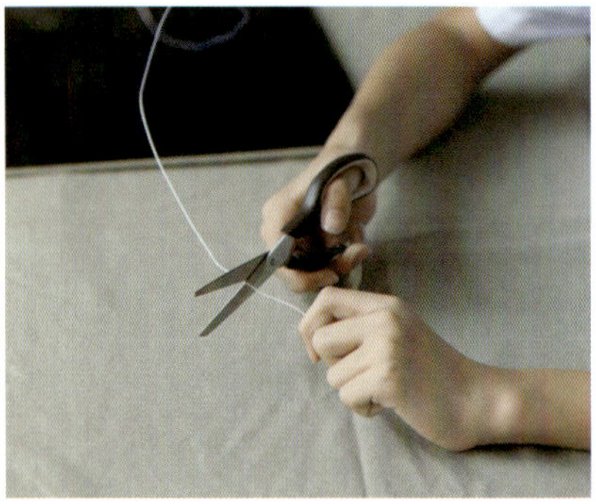

①将铝丝剪成几段。

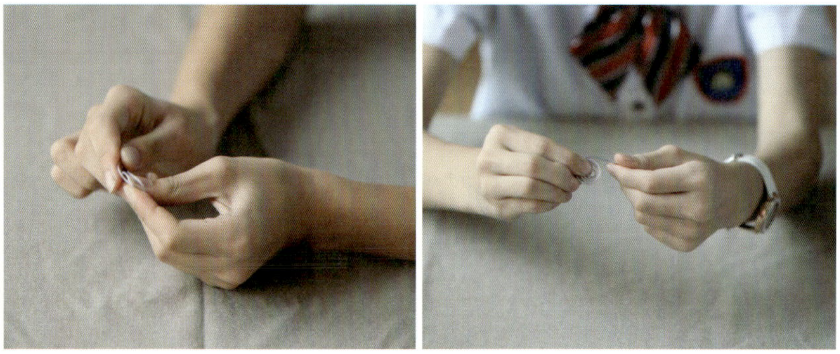

②对铝丝进行卷曲。

③将制作好的铝丝插入黑色 KT 板，注意高低、疏密变化。

活动建议：

作品制作过程中，你是否感受到了生命生长的那种神秘感、力量感、喜悦感，你是否怀有对生命的崇敬？

童言童语

形态各异的铝丝，在我眼中好像是看到了一个“茂密的森林”“树儿”不断的向上成长。有的只是种子，而有的已是参天大树，但都有一股生长的力量。

——盛雨馨

第十九课　梦幻瞬间

作品解读

瞬间即是永恒。这句话学生们可能听过，但是却很难理解。在这个活动中，学生们却能试着去以这样的方式来理解时间——水蒸汽在空中画出的形象瞬间即逝；水花飞溅出一个皇冠的形象也是转眼就消失了。用摄影技术，将生活中的瞬间转换成了永恒，永远能够让人感受到一种观察世界的新角度。孩子乐此不疲地用摄影将生活中的瞬间转化为永恒，也是在不断地感受这种新的时间观念。

问题呈现

生活中有哪些形象是转瞬即逝的吗？用摄影的方式记录下这些瞬间，你又有怎样的发现？

创作过程

①准备创作的材料

②拉扯棉絮，使其呈现出烟雾的质感。

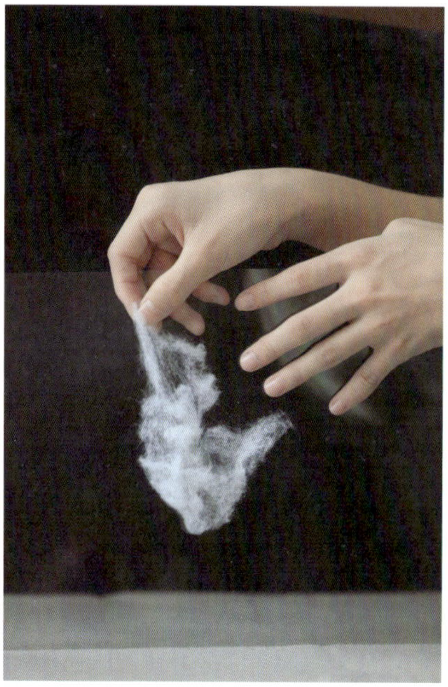
③将棉絮贴在透明胶片上。

④将棉絮与杯子组合，调整局部。

童言童语

我没想到，瞬间也可以变成永恒。当我看到用我们的智慧创造出来的一个个瞬间时，我感到无比地自豪。

——盛艺萱

活动建议：

如果瞬间可以转化为永恒，那么永恒是不是也能转化为时间？平时里，你对时间问题有哪些奇思妙想？说出来与大家交流，用你的创意一起度过一次奇妙的“时光之旅”。

第二十课　格子之舞

作品解读

中国在五千年以前就已经出现了舞蹈，它和诗歌、音乐结合在一起，是人类历史上最早产生的艺术形式之一。舞蹈演员利用跳跃、旋转、翻腾、柔软、控制等高难度的舞蹈技巧，表现人物思想感情、塑造人物性格和精神面貌。为了表达舞蹈，孩子首先确定了创作材料——瓶盖。以小组为单位拿着瓶盖摆来摆去，或贴或挂，不断地进行改变、联想、交流，最终确定了这样一种方案。他们认为把瓶盖这样在空中排列，令人联想起舞者合着音乐舞动。瓶盖鲜艳的色彩、明确的节奏感，正像舞者在舞台上旋转、跳跃。

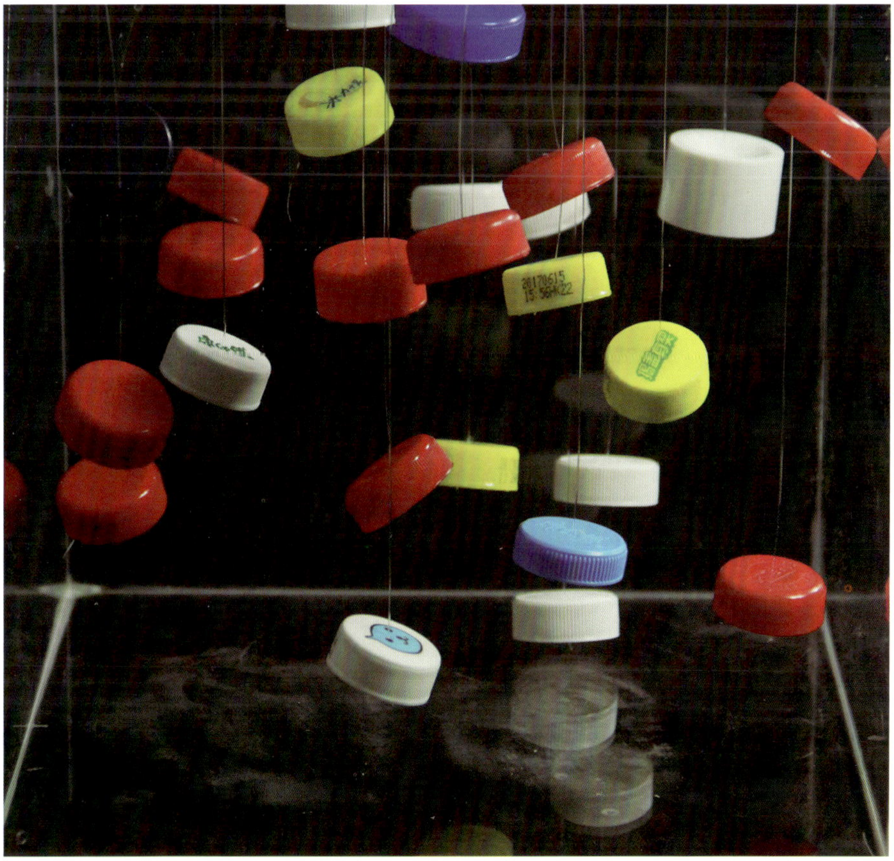

问题呈现

你印象中最深刻的舞蹈是什么？生活中的哪些材料和这种舞蹈有相似之处？

创作过程

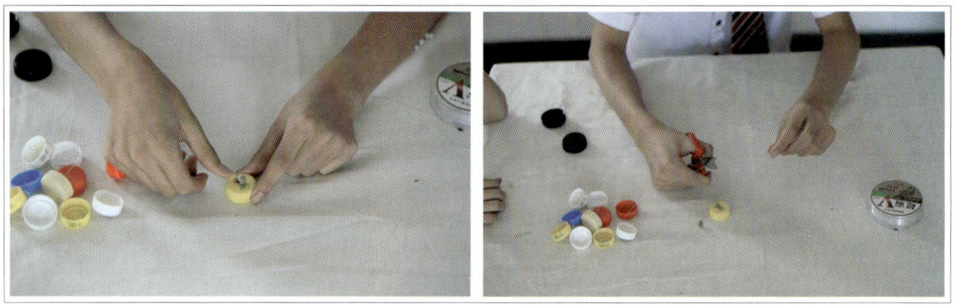

①瓶盖穿孔。

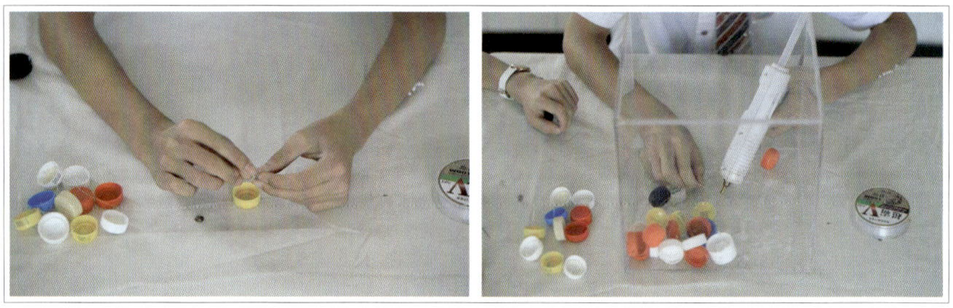

②悬挂。

童言童语

瓶盖是普通的，但让瓶盖在空中跳舞，就仿佛一个个活泼的孩子，使我不由得想到了舞者在舞台上旋转跳跃的精彩。

——杨家忻

活动建议：

舞蹈之美不在于色彩、技巧，而在于情感、精神。大家一起欣赏一段舞蹈，说说其表达的情感与精神是什么。寻找身边的材料，创意表达舞蹈的意境和情感。

第二十一课　生命之象

问题呈现

你观察过蜡烛燃烧的全过程吗？蜡烛的燃烧让你想到了什么？

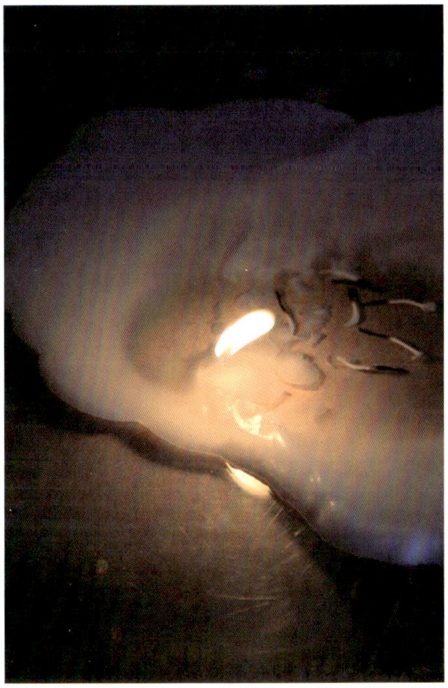

作品解读

“天地之间，若白驹过隙，忽然而已”，这是庄子对于生命的感悟。生命是什么？生命现象的本质又是什么呢？这些问题令无数科学家、哲学家用其一生去追究。孩子们也试图去理解生命。他们观察蜡烛燃烧的过程，从笔直挺立到东倒西歪，每一刻都在变化，每一刻都展现出独特的美感，孩子们认为，这就是蜡烛的生命之象，尽管短暂，但它试图将生命中的每一个瞬间都发挥到极致，那一团团的“火焰”，一滴滴“泪水”，仿佛都在怒吼：“绽放吧！燃烧吧！”。孩子们通过定格蜡烛燃烧时的不同姿态，表达他们对于生命积极的理解，同时，创造性地表现了他们心中的“生命之象”。

创作过程

将蜡烛固定于桌面。点燃蜡烛，拍摄蜡烛燃烧的过程。

活动建议：

你还知道哪些关于生命的诗词？你对生命又有什么样的理解？

童言童语

静静的看着眼前的蜡烛燃烧着，闪耀着无比耀眼的光芒，仿佛就像人的一生，光阴荏苒，却能熠熠生辉。观照了别人，完成了自己。

——陈星任

第二十二课　3D 幻象

问题呈现

你认为 3D 是什么？你在哪里看过 3D 之象？它给你带来什么样的体验？

作品解读

电脑快速普及，互联网飞速延展，“3D”这个字眼早已不为我们所陌生。对于孩子们来说，最熟悉的就是 3D 电影，孩子们在观影的同时，也对 3D 产生了强烈的好奇，他们探索 3D 的秘密，原来它是利用我们人眼的观察方法，在二维图像中给予我们三维图像的错觉。然而他们发现，其实在我们的生活中，也有很多这样的错觉，于是，他们利用灯光和塑料板，让半透明的吸盘呈现出 3D 幻象。

创作过程

①将吸盘吸在 pvc 板上

②在完成的板后放上一块同样大小的 pvc 版，注意中间要空出拳头大小的距离。

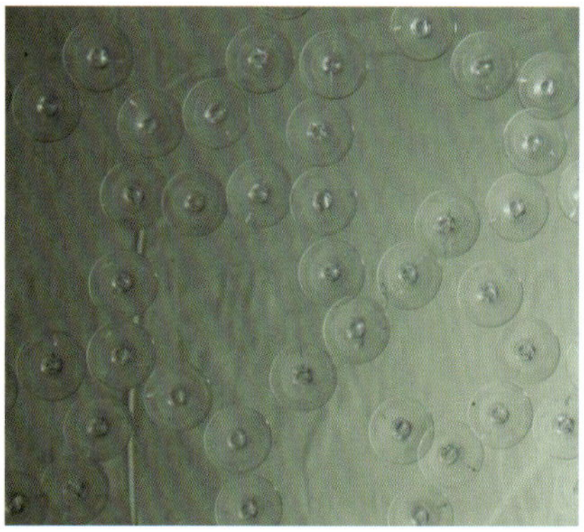

③打灯光。

活动建议：

在科技日益发展的社会，你对视觉影像技术有什么样的期待？跟小伙伴们分享一下吧。

童言童语

只见一个个吸盘在光的映照下，那影子让它变得更逼真又虚幻，这光影的结合让我的眼睛被欺骗了，这就是 3D 的世界。

——林弈成

第二十三课　魔方之奇

作品解读

魔方最早是匈牙利布达佩斯建筑学院 厄尔诺·鲁比克教授在 1974 年发明的。要使那些小方块可以随意转动而不散开，不仅是个机械难题，这牵涉到木制的轴心、座和榫头等，这样一个奇妙的发明让全世界人惊叹，更令孩子们着迷。26 个小方块在孩子们手中旋转、变化，每一个方块似乎都变成了独立的个体，拥有了生命。因此，孩子们将魔方拆解，用磨砂纸胶片做出近似立方体的造型，在灯光的照射下产生奇妙的光影效果，每一个造型都像方块，却都呈现出不同的姿态，表达了孩子们对于魔方创造性的构想。

问题呈现

你认为魔方的奇妙之处体现在哪里？如果将魔方全部拆开，它会呈现出什么样的状态呢？

创作过程

①用尺子在磨砂胶片上画线。

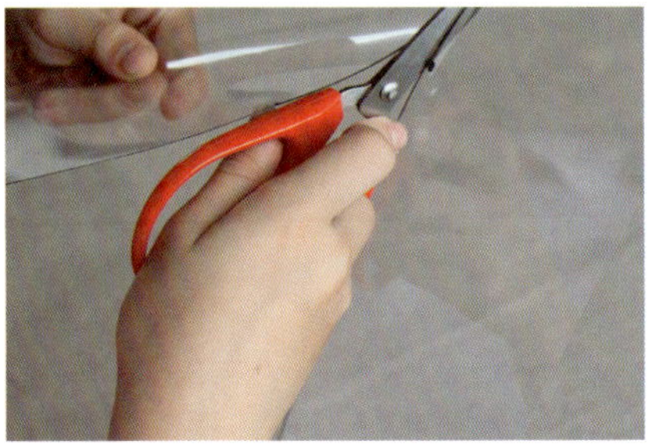

②用剪刀沿着画好的线剪开。

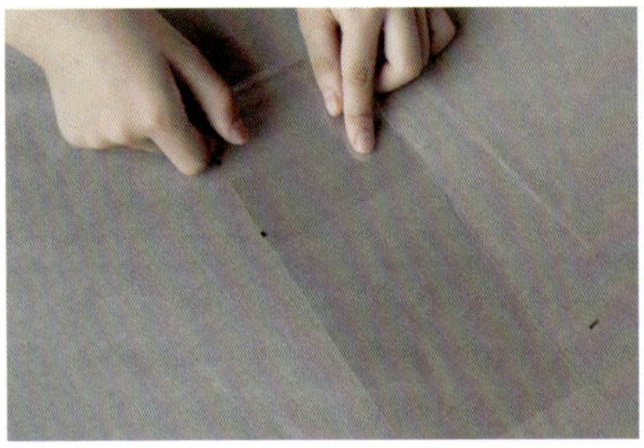

③折出方形。

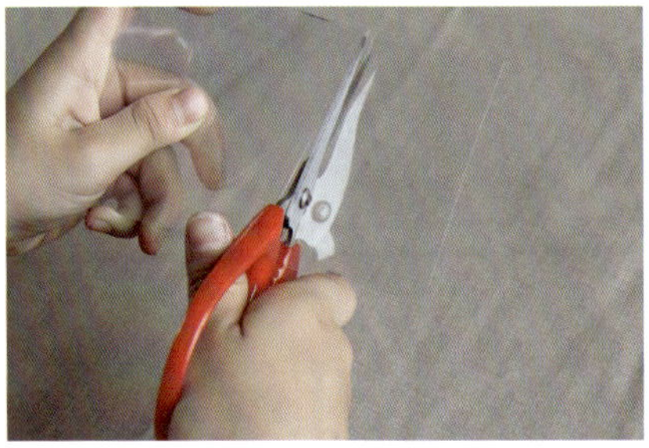

④剪掉多余的胶片。

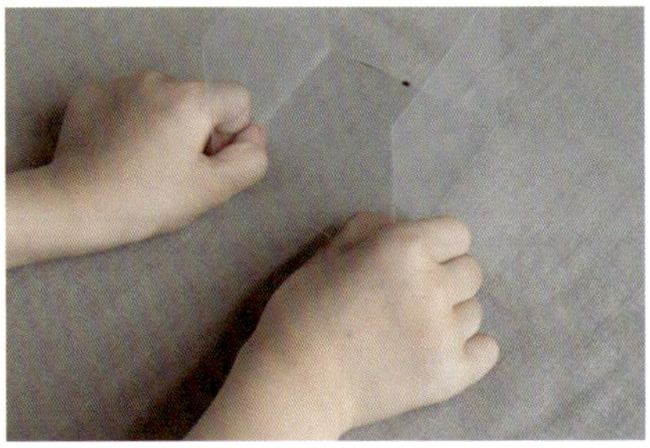

⑤形成正方体。

活动建议：

在我们的生活中，有哪些东西是方形的，或者是由方形组成的？跟小伙伴们探讨一下方形的意义。

童言童语

几何体的理性，再看似随意之下组成的感性，是魔方之奇。屏住呼吸，是否可以听见，方块的低吟与心跳？

——陈绎萌

第二十四课　升腾无间

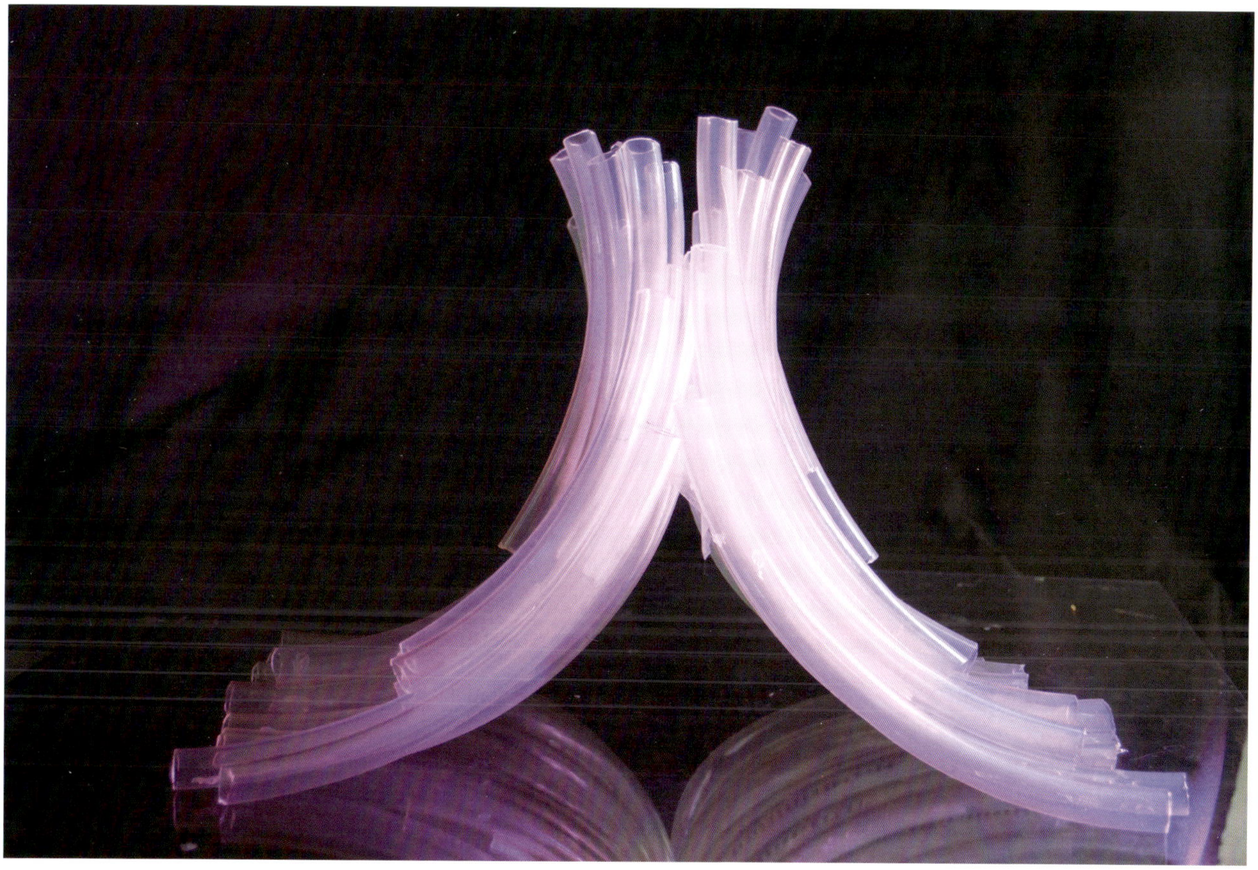

作品解读

人类之所以能立足于这片土地，受益于地心的引力，然而，我们也因此产生了一种反其道而行的欲望——升腾。从原始人类对鸟的崇拜到如今飞行器的发明和使用，人类不断地寻找“向上的力量”，以至于如今“向上”已经不仅仅是空间上的意义，它成为了人格上、精神上的更高追求。孩子们认为不管是空间上的还是精神上对于“向上”的追求，都是一个循序渐进的过程，都依附于“人”的意志。因此孩子们选择皮管作为原材料，运用它的可塑性，使其形成一个相互支撑的、由下至上的造型，那一根根皮管似乎在挣扎着往上延伸，展现着孩子们内心对于“升腾”的渴望。

问题呈现

1. 什么让你产生升腾的感觉？

2. 跟小伙伴们交流一下，你对升腾的理解。

创作过程

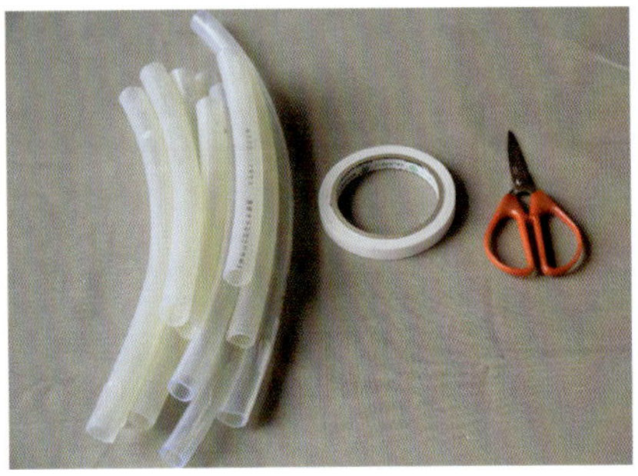

①准备材料。

②将皮管剪成小段，注意长短的变化。

③用双面胶粘贴皮管。

童言童语

升腾，于我们而言，总是带着神秘的色彩。在创作的过程中我们发现橡皮管不定的造型还真是有那么一番烟雾袅袅的感觉。它是一种向上的激情，等待我们去探索，去拼搏。

——叶罗希

④一边固定皮管，一边调整，使其形成向上升腾的感觉。

活动建议：

你还能用什么材料表现升腾的感觉？如果你到达了想要的高度，你的心情会是什么样的呢？